AF350902

Erste Ausgabe, Oktober 2022

Inhaltsverzeichnis

Einführung

Soziale Medien sind für Katzenvideos und den Neid auf die tollen Urlaube Ihrer Freunde da, oder? Nun, vielleicht, wenn Sie kein Geschäftsinhaber sind, aber falls Sie Unternehmer sind, bedeuten soziale Medien nochmals etwas ganz anderes.

Soziale Medien sind ein Kanal, den wir nutzen können, um mit unserem Publikum in Kontakt zu treten und zu interagieren. Wir können sie nutzen, um unsere Sichtbarkeit und Glaubwürdigkeit aufzubauen. Wir können sie nutzen, um wertvolle Inhalte und Informationen für unsere Anhänger zu veröffentlichen. Letztendlich können wir dort neue Kunden für unser Unternehmen finden und abschließen, und das mit unglaublicher Geschwindigkeit.

In den sozialen Medien ist es möglich, einen potenziellen Kunden in weniger als 24 Stunden von einem völlig kalten Lead zu einem registrierten Kunden zu machen. Das ist etwas, was man bei Kaltakquise, kalten E-Mails oder physischen Networking-Veranstaltungen selten erlebt.

Die effektive Nutzung sozialer Medien ist ein einfacher, direkter und wiederholbarer Prozess, der es Ihnen ermöglicht, so viel Geld zu verdienen, wie Sie brauchen, und zwar so schnell, wie Sie es brauchen.

Was Sie lernen werden

In diesem kurzen Leitfaden erfahren Sie, welche Social-Media-Plattformen für Trainer, Berater, Verkäufer und Kursersteller am effektivsten sind. Sie werden die Vor- und Nachteile dieser Plattformen kennenlernen und erfahren, wie sie sich voneinander unterscheiden.

Sie werden auch entdecken:

- Die grundlegende Denkweise, die es Ihnen ermöglicht, erfolgreich und hilfreich zu sein

- Welche Arten von Inhalten am besten funktionieren, wann Sie sie veröffentlichen und wie Sie Ihre Inhalte abwechseln, damit sie Ihren Lesern immer frisch im Gedächtnis bleiben

- Wie Sie warme oder kalte Leads über soziale Medien ansprechen

- Wie Sie einen Gesprächsfluss schaffen, der Interessenten in begeisterte Kunden verwandelt

Dieser Leitfaden enthält eine Fülle von Informationen, also machen Sie sich Notizen. Bewahren Sie ihn griffbereit auf, damit Sie ihn oft zu Rate ziehen können, um schnelle Antworten zu erhalten. Damit wären wir auch schon mitten drin!

II

Die Zugpferde LinkedIn und Facebook

Facebook und LinkedIn sind zweifelsohne zwei der leistungsfähigsten Social-Media-Plattformen, wenn es darum geht, Kunden zu gewinnen und mit Ihrem Publikum in Kontakt zu treten. Allein Facebook hat über 2,7 Milliarden Nutzer! In diesem Kapitel werden diese beiden Plattformen untersucht und es wird erläutert, welche davon am effektivsten ist, um Ihre Zielgruppe zu erreichen.

Beginnen wir mit Facebook. Es ist das größte und am weitesten verbreitete soziale Mediennetzwerk der Welt. Facebook ist äußerst benutzerfreundlich, und Sie haben eine viel größere Bandbreite an Nutzern als bei LinkedIn.

Facebook

Facebook ist derzeit die stärkste Werbeplattform. Facebook-Gruppen gehören zu den leistungsfähigsten Instrumenten, die Sie nutzen können, um Ihre Zielgruppe zu erreichen. Es gibt Facebook-Gruppen für so ziemlich alles, was Sie sich vorstellen können: Korbflechten, Golf, schicke Autos und Marketing, um nur einige zu nennen.

Der Trick besteht darin, in diese Gruppen einzutreten und als glaubwürdiger Experte auf Ihrem Gebiet bekannt zu werden. Sie können dies tun, indem Sie Beiträge in diesen Gruppen veröffentlichen oder die Beiträge anderer kommentieren.

Ziel ist es, so hilfreich zu sein, dass die Mitglieder dieser Gruppen immer zuerst an Sie denken, wenn sie Ihre Dienste benötigen.

In Kapitel 5 können Sie mehr darüber lesen. Der wirkliche Nachteil bei Facebook ist, dass Sie in der Lage sein müssen, zwischen Menschen zu unterscheiden, die gute Kunden wären, und solchen, die entweder nicht die Mittel oder den Wunsch haben, Sie für Ihre Dienstleistungen zu engagieren.

Hinzu kommt, dass auf Facebook viele Inhalte gepostet werden. Es kann etwas schwieriger sein, Aufmerksamkeit zu erhalten als auf LinkedIn.

Insgesamt ist Facebook jedoch eine äußerst leistungsfähige Plattform für die Akquise. Wenn Sie zwischen Facebook und LinkedIn wählen, ist es vielleicht besser, wenn Sie zuerst auf Facebook versuchen, neue Kunden zu gewinnen. Das ist einfacher und viel unkomplizierter. Außerdem ist es viel wahrscheinlicher, dass die Leute auf Facebook auf Sie reagieren.

Wenn es sich bei Ihrem Angebot um ein B2C-Angebot (Business to Consumer) handelt, sollten Sie Facebook mehr Aufmerksamkeit schenken als allen anderen Plattformen. Facebook ist der Ort, an dem sich Ihre Verbraucherzielgruppe versammeln wird. Handelt es sich bei Ihrem Angebot jedoch um ein B2B-Angebot (Business to Business), dann könnte LinkedIn der Goldesel für Sie sein.

LinkedIn

LinkedIn ist eine Plattform für soziale Medien, die für Geschäftsleute entwickelt wurde. Der Ton und die allgemeine Stimmung auf LinkedIn sind ganz anders als auf Facebook.

Sie werden auf LinkedIn nicht viele Bilder von Geburtstagsfeiern oder Dramen finden. Bei fast allen Inhalten, die Sie sehen, geht es um das Geschäft und verschiedene Aspekte des Geschäfts, wie Vertrieb, Marketing, Produkteinführungen und ähnliche Themen.

Früher war LinkedIn ein Ort, an dem man einen Lebenslauf erstellte, sich hier und da für einen Job bewarb und dann alles wieder vergaß. Seitdem wurde die Plattform jedoch grundlegend überarbeitet, und obwohl Sie sich immer noch auf zahlreiche Stellen bewerben können, ist sie jetzt viel mehr eine professionelle und geschäftsorientierte Networking-Plattform.

LinkedIn verfügt über eine Vielzahl von Tools und einige interessante Eigenheiten, die Sie verstehen müssen, bevor Sie die Plattform als Ihr Arbeitspferd für die Kundenakquise nutzen können.

Kostenlos versus kostenpflichtig: Es gibt eine kostenlose Version von LinkedIn und kostenpflichtige Abo-Modelle, die Ihnen mehr Zugang zu den Tools der Plattform bieten.

In der kostenlosen Version können Sie nur Personen Nachrichten schicken, mit denen Sie bereits in Verbindung stehen (wie bei einer Freundschaftsanfrage auf Facebook), und Sie können ihnen erst dann Nachrichten schicken, wenn sie Ihre Anfrage angenommen haben.

Ein weiterer wichtiger Punkt, der eingeschränkt ist, ist Ihre Suchfunktion. Sie können nur 30 Suchanfragen pro Monat über die Suchleiste durchführen.

Für die Akquise wäre Sales Navigator die hilfreichste Erweiterung von LinkedIn, die derzeit etwa 80 $/Monat kostet.

Wenn Sie jedoch gerade erst anfangen oder noch nicht in den sechsstelligen Bereich vorgedrungen sind, dann sollte die kostenlose Version von LinkedIn mehr als ausreichend sein.

Ein weiterer Aspekt sind die Gruppen. Genau wie bei Facebook gibt es auch bei LinkedIn zahlreiche Gruppen, die Sie nutzen können, um einen Pool idealer Kunden zu finden.

Auch beim Inhal können Gruppen sehr nützlich sein, aber besonders effektiv ist es, mit LinkedIn eine Art von Inbound-Marketing zu betreiben. LinkedIn verdient an der Schaltung von Anzeigen in den Newsfeeds und möchte daher, dass seine Nutzer so oft wie möglich in den Newsfeeds bleiben.

Aus diesem Grund ist LinkedIn eine sehr lohnende Plattform, auf der Sie alle Ihre Inhalte veröffentlichen können.

Im Gegensatz zu Facebook können Sie auf der LinkedIn-Plattform vollständige Artikel und Blogs veröffentlichen. Langform-Inhalte wie diese können Ihre Glaubwürdigkeit in die Höhe treiben, wenn sie für Ihre idealen Kunden relevant und hilfreich sind.

Zusätzlich zu den langen Inhalten haben Ihre Beiträge eine längere "Haltbarkeit", d. h. Ihre Beiträge bleiben länger sichtbar als auf Facebook.

Es gibt eine Menge über diese beiden Giganten der sozialen Medien zu sagen, und wir werden in späteren Kapiteln noch viel mehr darüber berichten, aber dies sollte Ihnen einen guten Überblick verschaffen und Sie dazu bringen, darüber nachzudenken, welche soziale Medienplattform für Sie am besten geeignet ist.

Letztendlich kann es für Sie von Vorteil sein, beide Plattformen auszuprobieren und herauszufinden, mit welcher Sie besser zurechtkommen und welche mehr Ergebnisse für Ihr Unternehmen bringt.

Die Nachzügler

Während Facebook und LinkedIn im Allgemeinen am besten geeignet sind, um neue Kunden zu gewinnen, gibt es noch einige andere Social-Media-Plattformen, die Sie für Marketingzwecke nutzen sollten.

Diese beiden Social-Media-Plattformen sind ebenfalls sehr beliebt:

Instagram ist wahrscheinlich die drittbeliebteste Social-Media-Plattform für die Gewinnung neuer Kunden. Das liegt daran, dass es sehr einfach ist, nach potenziellen Kunden zu suchen, basierend auf dem, was sie lieben und was ihre Probleme sind.

Manche Leute nutzen **Twitter**, um Kunden zu gewinnen. Aufgrund der begrenzten Anzahl von Wörtern ist es jedoch schwieriger, es für Marketingzwecke zu nutzen.

Soziale Medien sind ein großartiges Medium für die Kundengewinnung, aber was ist mit all den anderen Methoden, von denen Sie wahrscheinlich schon gehört haben? Um ehrlich zu sein, haben sie alle ihre Vorzüge und ihre Nachteile.

Schauen wir uns diese Methoden an, und Sie werden wahrscheinlich zustimmen, dass soziale Medien der Platzhirsch sind, wenn es darum geht, schnell hoch bezahlte Kunden zu gewinnen.

III

Was ist bei der Akquise über Social Media anders?

Wenn Sie hundert verschiedene Leute fragen, wie sie Kunden gewinnen, dann werden Sie wahrscheinlich hundert verschiedene Antworten erhalten. Jeder scheint eine andere Meinung darüber zu haben, was der beste Weg ist, Kunden zu gewinnen.

Das Schwierige daran ist, dass die meisten von ihnen funktionieren. Wenn Sie eine Strategie wählen und daran festhalten, werden Sie höchstwahrscheinlich einige Kunden gewinnen.

Aber hier geht es nicht um "ein paar Kunden". Sie wollen die Strategie, die Ihren Terminkalender jede Woche füllt, die Strategie, die Ihnen zuverlässig und konsequent einen Verkauf nach dem anderen beschert.

In diesem Kapitel lernen Sie also einige der gängigsten Methoden kennen, mit denen Trainer, Berater und Kursersteller Kunden gewinnen. Sie werden die Vor- und Nachteile der einzelnen Methoden kennen lernen, und zum Schluss erfahren Sie, warum soziale Medien wahrscheinlich die beste Wahl für Sie sind.

Die wichtigsten Punkte, auf die Sie bei der Auswahl eines Systems für die Akquise achten sollten, sind:

- Wie sympathisch und persönlich können Sie das System gestalten?

- Können Sie direkt mit Entscheidungsträgern in Kontakt treten?

- Wie skalierbar ist das System?

- Können Sie ein Team um das System herum aufbauen?

- Werden Sie als Person schnell zum Engpass für das Wachstum?

Kaltakquise per Telefon

Beginnen wir mit der gefürchteten, klassichen Kaltakquise! Die Kaltakquise ist angesichts neuer und besser skalierbarer Methoden des Verkaufs etwas in den Hintergrund getreten, hat aber immer noch einige Vorzüge.

In erster Linie sind Kaltakquise-Anrufe persönlicher als alle anderen Methoden, weil die Person, die Sie anrufen, tatsächlich eine menschliche Stimme hören kann und nicht nur Text auf einem Bildschirm liest.

Außerdem können Sie in kürzerer Zeit viel mehr erreichen. Wenn der Interessent den Anruf entgegennimmt und für Ihren Anruf empfänglich ist, können Sie in der Regel in weniger als 5 Minuten ein Verkaufsgespräch oder eine Vorführung vereinbaren.

Leider enden hier die meisten Vorteile eines Kaltakquiseanrufs. Jetzt ist es an der Zeit, über die nicht so angenehmen Aspekte der Kaltakquise zu sprechen.

Bei der Kaltakquise rufen Sie viele Leute an, bevor Sie überhaupt mit einem Entscheidungsträger sprechen können. Wenn Sie dann mit dem Entscheidungsträger sprechen, ist es sehr wahrscheinlich, dass er entweder auflegt, Ihnen sagt, dass er nicht interessiert ist, bevor Sie drei Worte sagen können, oder Sie sogar verflucht.

Das eigentliche Problem bei der Kaltakquise ist, dass sie nicht sehr skalierbar ist. Sie sind nur eine Person, und wenn Sie keine Mitarbeiter für die Terminvereinbarung einstellen, werden Sie zum Engpass für Ihr eigenes Geschäft.

Sie sehen also, warum Kaltakquise ein schwieriger Weg ist, um Ihr Geschäft auszubauen.

Kaltakquise per E-Mail

Kaltakquise per E-Mail ist der nächste Punkt auf der Liste und eine gute Option für bestimmte Geschäftsmodelle. Was die Kaltakquise per Telefon nicht kann, kann die E-Mail sehr gut. Sie ist extrem skalierbar und Sie können sich direkt an eine Vielzahl von Entscheidungsträgern wenden. Sie können direkt an der "digitalen Haustür" von Entscheidungsträgern in jeder Branche auftauchen.

Wenn Sie den Aufwand auf sich nehmen und für einen E-Mail-Dienst bezahlen, können Sie möglicherweise Tausende von E-Mails an einem Tag versenden. Aber es gibt einige Dinge, auf die man achten muss, damit sie verhindern im Spam-Ordner zu landen.

E-Mail-Konten können geschlossen werden, wenn ihre E-Mails zu oft als Spam markiert werden. Dies kann eine Kettenreaktion auslösen, an deren Ende Ihre internen E-Mails an Teammitglieder oder sogar Kunden direkt in deren Spam-Box landen.

Insgesamt ist die E-Mail jedoch ein fantastisches Modell für die Kontaktaufnahme. Es nimmt nur etwas mehr Zeit in Anspruch als andere Optionen, da Sie in der Regel viele Folge-E-Mails senden müssen, um eine Antwort zu erhalten.

Außerdem kann es mühsam sein, die E-Mail-Adressen zu finden, die Sie kontaktieren möchten. Eine Tabellenkalkulation und LinkedIn Sales Navigator werden Ihre besten Freunde sein, wenn es um Kaltakquise per E-Mail geht.

Öffentliche Networking-Veranstaltungen

Weiter geht es mit dem öffentlichen Networking. Normalerweise eine fantastische Option, aber wegen der Pandemie ist das öffentliche Networking etwas ins Stocken geraten, so dass im Moment weniger Networking-Veranstaltungen stattfinden und hybride Formate entstanden sind.

Genau wie bei der Kaltakquise können Sie bei Networking-Veranstaltungen Ihre Persönlichkeit voll zur Geltung bringen. Die Leute lernen Sie kennen und schätzen Sie für die Dinge, die Sie von der Konkurrenz unterscheiden.

Veranstaltungen wie Masterminds, Seminare, Workshops usw. sind allesamt Orte, an denen Ihre idealen Kunden persönlich zusammenkommen, und wenn Sie sich genug unter sie mischen, können Sie in der Regel ein paar Kunden, einige Empfehlungen und ein großartiges Netzwerk von Menschen mitnehmen, mit denen Sie sich auf dem Markt etablieren können.

Die Nachteile von Networking-Veranstaltungen sind, dass Sie für diese Veranstaltungen in der Regel anreisen müssen, dass es sich nicht um einen beständigen und wöchentlich wiederholbaren Prozess handelt und dass sie fast nie kostenlos sind.

Sie müssen für den Eintritt bezahlen und dann müssen Sie wirklich Ihr extrovertiertes Gesicht aufsetzen und sich unter völlig Fremde mischen, während Sie allein sind. Einen Freund mitzubringen, der in der gleichen Branche tätig ist, kann helfen, die Überforderung etwas abzumildern.

Soziale Medien

Dann kommen wir zum Social Media Marketing. Diese Methode vereint wirklich alle Vorteile der anderen Methoden in sich, ohne dass sie Nachteile mit sich bringt.

Wenn Sie soziale Medien für Ihre Akquise nutzen, können Sie so persönlich sein wie bei einem klassischen Kaltakquisegespräch. Sie können kleine Einblicke in Ihr Leben geben und sich als echte Person präsentieren. Sie können sogar Audios und Videos verwenden, um sich selbst eine zusätzliche, persönliche Note im Kontakt zu verleihen.

Auch wenn die Möglichkeiten nicht ganz so groß sind wie bei der Kaltakquise per E-Mail, können Sie in den sozialen Medien eine Vielzahl von Gesprächen gleichzeitig führen. Wenn Sie klug und effizient mit Ihrer Zeit umgehen, können Sie Social Media ziemlich gut skalieren. Schließlich heißt es nicht umsonst "Social Media Network". Es ist ein riesiges Netzwerk von Menschen, und dank der Gruppenfunktionen von Facebook und LinkedIn können Sie den ganzen Tag über mit Menschen in Kontakt treten.

Der größte Nachteil der sozialen Medien ist, dass sie Ihre Aufmerksamkeit erfordern. Wenn Sie nicht auf der Plattform sind, können Sie nicht mit potenziellen Kunden und Freunden interagieren, und Sie können anderen keine Nachrichten schicken und sie nicht anrufen. Davon abgesehen kann man etwa eine Stunde pro Tag in den sozialen Medien verbringen und verrückte Ergebnisse erzielen.

Kurz gesagt, das ist der Grund, warum soziale Medien so gut als primärer Weg zur Umsatzgenerierung funktionieren. Sie sind geradlinig, einfach und effektiv. Sie vereinen alle Stärken der anderen Systeme zur Kundengewinnung, ohne deren größte Nachteile.

Wie sollten Sie sich in den sozialen Medien darstellen, um die besten Kunden anzuziehen? Alles beginnt mit Ihrer Einstellung und einer effektiven Herangehensweise an die sozialen Medien. Es ist genau das, was wir als nächstes anschauen werden.

IV

Social Selling Mindset

Dies ist wahrscheinlich das kürzeste Kapitel in diesem Buch. Es wird aber auch das wichtigste Kapitel sein, das Sie lesen.

Denn wenn Sie in den sozialen Medien nur Ihre Dienstleistungen anpreisen wollen, werden Ihre Beiträge in der Timeline keinerlei Beachtung finden, Sie werden wahrscheinlich aus Gruppen verbannt und potenzielle Kunden werden Sie wahrscheinlich meiden.

Stattdessen sollten Sie Menschen finden, die Ihnen entweder Aufträge empfehlen oder Sie direkt beauftragen können, und sich mit ihnen anfreunden. Sie können viele Kontakte knüpfen, indem Sie sich mit Leuten anfreunden, denen Ihre Beiträge gefallen und die sie kommentieren.

Das Wichtigste zuerst: Wenn Sie sich den sozialen Medien nähern, sollten Sie die Plattform als Experte betreten. Sie verfügen über ein umfangreiches Wissen über Ihre Nische, also zeigen Sie es.

Die Diskussionen über das Posten von Inhalten im nächsten Kapitel drehen sich darum, Ihr Wissen zu zeigen und eine Ressource zu sein. Andere fühlen sich von Trainern oder Beratern abgestoßen, die bedürftig wirken und jedem, den sie sehen, ein Angebot machen wollen.

Gehen Sie mit der Einstellung an die Plattform, dass Sie anderen wirklich helfen wollen, und Sie werden 100-mal besser abschneiden.

Seien Sie hilfsbereit, seien Sie ein Experte, und seien Sie eine glaubwürdige Grösse auf dem Markt.

Hier sind einige wirksame Haltungen, die Sie kultivieren sollten:

- Sie sind zu 100 % ein Profi und ein Experte.

- Sie sind dazu da, den Menschen, die Ihr Fachwissen benötigen, einen Mehrwert zu bieten.

- Sie sind nicht bedürftig und brauchen auch kein Geld.

- Sie sind dazu da, Menschen durch ihr Problem zu begleiten und Lösungen zu zeigen.

Nach diesen Vorbemerkungen kommen wir zur Sache! Im nächsten Kapitel erfahren Sie genau, was Sie posten, wo Sie posten und wie Sie mit anderen interagieren, mit denen Sie eine Beziehung aufbauen wollen.

Was soll man wann und wo posten?

Das regelmäßige Veröffentlichen von Inhalten ist ein wesentlicher Bestandteil Ihres Social-Media-Marketingplans. Es ist wichtig, Inhalte zu erstellen, die Ihr Publikum ansprechen, Ihr Fachwissen zeigen und die Menschen dazu bringen, mit Ihnen zusammenarbeiten zu wollen. Dies können Sie erreichen, indem Sie qualitativ hochwertige Inhalte in Ihrer eigenen Timeline und in relevanten Gruppen veröffentlichen.

Veröffentlichen von Inhalten in Gruppen

Probieren Sie diese effektiven Strategien aus, um Inhalte in Gruppen zu veröffentlichen:

Als erstes finden Sie 3-5 hochwertige Gruppen, in denen sich Ihre idealen Kunden aufhalten würden. Denken Sie daran, dass es nicht darum geht, wo Sie sich aufhalten wollen, sondern wo Ihre Kunden sich aufhalten wollen.

Wenn Sie beispielsweise Menschen ansprechen, die abnehmen wollen, sollten Sie Gruppen beitreten, die sich mit Abnehmen, Diäten oder vielleicht sogar Schilddrüsenerkrankungen befassen. Wenn Sie dort sind, kommentieren Sie die Beiträge und beantworten Sie die Fragen der Gruppenmitglieder.

Dann veröffentlichen Sie Ihre eigenen Inhalte. Gestalten Sie diese Inhalte außerdem äußerst hilfreich. Um auf das Beispiel der Gewichtsabnahme zurückzukommen, könnten Sie vielleicht einen Beitrag über die Vorteile des Krafttrainings beim Fettabbau schreiben.

Zudem sollten Sie aufrichtig mit allen interagieren, die Ihre Beiträge kommentieren. Seien Sie immer hilfsbereit und bringen Sie Ihre Persönlichkeit in Ihre Inhalte ein.

Inhalte auf Ihrer eigenen Timeline posten

Probieren Sie diese Techniken aus:

Pakete schnüren: Bündeln Sie den Prozess der Inhaltserstellung. Setzen Sie sich hin und nehmen Sie sich 3-4 Stunden pro Woche Zeit, um alle Inhalte zu erstellen, die Sie in der Woche veröffentlichen wollen. Das wird Ihnen auf lange Sicht eine Menge Zeit und Kopfschmerzen ersparen.

Kommerzielles einschränken: Beschränken Sie verkäuferische Posts auf ein- oder zweimal pro Woche. Versuchen Sie nicht, mit jedem Beitrag oder sogar jeden Tag etwas zu verkaufen. Im Allgemeinen ist es besser, wenn Sie höchstens ein- bis zweimal pro Woche ein Produkt oder eine Dienstleistung anbieten.

Aufteilen: Teilen Sie Ihre Angebote in direkte Angebote und indirekte Angebote auf. Bei einem direkten Angebot erzählt man jemandem von seinem Produkt oder seiner Dienstleistung und fragt ihn, ob er es kaufen oder mitmachen möchte.

Zum Beispiel: "Ich möchte 5 weitere Personen in 6 Monaten oder weniger auf ihr Zielgewicht bringen. Wenn Sie schon immer mit Ihrem Gewicht gekämpft haben und von Jo-Jo-Diäten enttäuscht waren, dann melden Sie sich bei mir und lassen Sie uns mit meinem erstklassigen Abnehmprogramm beginnen."

Ein indirektes Angebot bedeutet, dass Sie einen Beitrag beginnen, ohne Ihr Angebot zu erwähnen - normalerweise mit einer Geschichte oder einem hilfreichen Tipp. Dann gehen Sie zu einem weichen CTA (Call To Action) über.

Sie können zum Beispiel mit einer Fallstudie über einen Ihrer früheren Kunden beginnen und wie Sie ihm geholfen haben.

Dann können Sie etwas sagen wie: "Wenn Sie mit {welches Problem Sie auch immer lösen} zu kämpfen haben, wie {Name eines früheren Kunden}, dann würde ich gerne sehen, ob ich Ihnen helfen kann. Schreiben Sie mir einfach eine Nachricht und wir können uns unterhalten."

Mehrwert bieten: Erstellen Sie auch Beiträge, in denen es nicht darum geht, etwas zu verkaufen. Wenn Sie ein- oder zweimal pro Woche Angebote machen, wie sieht es dann an den anderen Tagen der Woche aus? Erstellen Sie an diesen Tagen Beiträge, die Ihre Glaubwürdigkeit stärken und Ihr Fachwissen zeigen.

Redaktionsplan

Verfassen Sie Beiträge, die hilfreiche Tipps und Tricks enthalten. Eine Vielzahl von Formaten und Stilen wird die Aufmerksamkeit Ihres Publikums erregen.

Nehmen wir zum Beispiel an, dass Gesundheitscoaching Ihre Nische ist. Ziehen Sie diesen Zeitplan in Betracht:

Montag: Schreiben Sie am Montag einen Beitrag über Lebensmittel mit großem gesundheitlichen Nutzen sowie ein tolles Rezept mit diesen Lebensmitteln.

Dienstag: Am Dienstag könnten Sie ein Gesundheits-Update über sich selbst machen, um den Leuten zu zeigen, dass Sie nicht nur reden, sondern auch leben.

Mittwoch: Am Mittwoch können Sie etwas ausprobieren, das man Engagement-Post nennt. Das ist ein Beitrag, bei dem Sie aktiv zur Beteiligung und Interaktion mit Ihrem Publikum auffordern.

Die gängigste Art, dies zu tun, besteht darin, eine Frage zu stellen, z. B. "Ich möchte nur mal kurz nachfragen - wie lange ernährst du dich schon glutenfrei? Meine Antwort steht in den Kommentaren."

Donnerstag und Freitag: Donnerstag und Freitag können Tage sein, an denen Sie ein indirektes Angebot und ein direktes Angebot machen.

Am Wochenende: Am Wochenende können Sie dann Geschichten und Fallstudien über Menschen erzählen, denen Sie geholfen haben.

Hier sind einige weitere Ideen für Beiträge, die Sie schreiben können:

- Beiträge über Geschichten

- Beiträge über Ihren Lebensstil (seien Sie so, wie Ihre Kunden sein möchten)

- Reine Unterhaltungsbeiträge

- Beiträge zum Umgang mit Einwänden

- Stellen Sie Ihr Publikum auf die Zukunft ein

- Experteninterview

- Eine Live-Trainingseinheit

- Eine Herausforderung für Ihr Publikum

- Kürzlich gewonnene Kunden

Posts in 2 Schritten

Eine der komplizierteren Arten von Posts ist der sogenannte 2-Step-Post. Dabei erstellen Sie eine Art Leitfaden oder Produkt (einen Lead-Generierungsmagneten) und bieten diesen Leitfaden dann Ihren Followern an.

Sie können etwas sagen wie: "Ich habe gerade einen neuen Leitfaden über Lebensmittel mit versteckten Gesundheitsvorteilen erstellt. Kommentieren Sie unten 'Gesundheit', wenn Sie ein Exemplar haben möchten."

Wenn jemand kommentiert, dass er Ihren Leitmagneten haben möchte, antworten Sie einfach auf seinen Kommentar und teilen ihm mit, dass Sie ihm eine Direktnachricht schicken werden. Dann liefern Sie mit Ihrem Leadmagneten eine Menge Wert.

Auf diese Weise werden Sie für diese Person ein äußerst hilfreicher Kontakt sein!

Sie können sogar noch einen Schritt weiter gehen und mehrere Leadmagneten anbieten und jedem Interessenten denjenigen geben, der ihm am meisten nützt. Auf diese Weise können Sie viel über sie erfahren, bevor Sie ihnen überhaupt Ihre Dienste anbieten.

Nach einer Weile wird Ihnen das Schreiben dieser Beiträge zur Routine werden. Sie werden sich mit Ihrem Publikum immer wohler fühlen, und die Interaktion mit ihnen wird Spaß machen, statt Angst zu machen.

Anfangs kann es etwas unangenehm sein, sich selbst so zu präsentieren und mit so viel Vorleistung aufzuopfern. Der Prozess der Inhaltserstellung wird auch viel effizienter werden und jede Woche weniger Zeit in Anspruch nehmen, sofern Sie regelmäßig dran bleiben.

Lassen Sie sich von anderen Beiträgen inspirieren

Sehen Sie sich andere Beiträge in Ihrer Timeline und in den Gruppen an, die Sie besuchen. Welche Beiträge erregen Ihre Aufmerksamkeit und machen Lust, sie weiterzulesen? Finden Sie heraus, was sie so fesselnd macht, und versuchen Sie, dieses Gefühl in Ihren eigenen Inhalten wiederzugeben.

Vergewissern Sie sich, dass Sie mit allen Kommentaren zu Ihren Beiträgen interagieren und ihnen dann eine Nachricht schicken. Wie Sie dies tun, erfahren Sie im nächsten Kapitel.

VI

Direkte Nachrichten

Die Erstellung von Inhalten und die Interaktion mit anderen ist die Grundlage für die Gewinnung von Kunden. Sie bringen Gespräche in Gang und bringen den Ball ins Rollen. Das eigentliche Ziel besteht jedoch darin, eine Person in eine private Messaging-Konversation mit Ihnen zu bringen, in der sie schließlich nach Ihren Dienstleistungen fragt.

Es gibt viele Möglichkeiten, wie dies geschehen kann, und es gibt eigentlich kein Skript, nach dem man arbeiten könnte. Das liegt daran, dass menschliche Interaktionen nicht nach einem Drehbuch ablaufen - sie sind organisch, und deshalb müssen auch Ihre Messenger-Unterhaltungen organisch sein.

Mit Kommentaren beginnen

Gehen wir den Prozess durch, was Sie mit den Kommentaren zu Ihren Beiträgen tun können und wie Sie die Konversation von dort aus weiterführen können. Sie werden eine Vielzahl unterschiedlicher Kommentare zu Ihren Beiträgen erhalten, entweder in Ihrer Timeline oder in verschiedenen Gruppen. Einige stimmen Ihnen einfach zu oder sagen, dass Sie einen guten Standpunkt vertreten haben. Andere werden Fragen stellen.

Es ist eine gute Idee, auf alle zu antworten, aber stellen Sie sicher, dass Sie immer auf Leute antworten, die Ihnen Fragen stellen oder die auch nur das kleinste bisschen Interesse an Ihren Dienstleistungen zu haben scheinen.

Wenn Sie den Beitrag einer anderen Person kommentieren, sollten Sie so konstruktiv und hilfreich wie möglich sein.

Zu Direktnachrichten übergehen

Wenn Sie das Gespräch in Direct Messaging verschieben, gehen Sie wie folgt vor:

Beginnen Sie, indem Sie sich auf eine frühere Interaktion beziehen (z. B. auf den Kommentar, den die Person abgegeben hat, oder auf den Kommentar, den Sie hinterlassen haben). Dadurch wirken Sie sofort wärmer als jemand, der sich völlig kalt anschickt.

Sie könnten zum Beispiel eine Direktnachricht mit folgenden Worten beginnen: "Hey {Name}, danke für den Kommentar über milchfreie Ernährung in meinem Beitrag. Warum isst du milchfrei? Ist es eine Entscheidung oder musst du dich aus gesundheitlichen Gründen so ernähren?"

Folgen Sie dann einem sehr einfachen Schema: Machen Sie der Person ein Kompliment und stellen Sie ihr eine Frage. So bleibt das Gespräch in Gang.

Bringen Sie Ihre eigene Persönlichkeit in das Gespräch ein und machen Sie es dynamisch. Seien Sie authentisch und interessant und konzentrieren Sie sich dabei auf den Gesprächspartner.

Halten Sie das erste Gespräch sehr leicht. Bauen Sie einfach eine Freundschaft mit dieser Person auf.

Lassen Sie dann etwas Zeit verstreichen. Das können ein paar Stunden oder sogar ein oder zwei Tage sein, je nachdem, wie beschäftigt Sie sind.

Wieder in Kontakt treten

Sobald Sie das Gespräch wieder aufgenommen haben, nutzen Sie die bereits aufgebaute Beziehung, um den Kunden zu einem Erkundungsgespräch zu bewegen. Sie können mehr über das Problem der Person erfahren oder darüber, wie Sie ihr helfen könnten.

Sobald Sie herausgefunden haben, ob die Person wirklich Ihre Hilfe braucht, können Sie sie zu einem Anruf bewegen. Es ist wichtig, dass Sie dies auf eine Weise tun, die nicht "verkaufsorientiert" ist.

Zu einem Anruf wechseln

Um einen potenziellen Kunden zu einem Anruf zu bewegen, könnten Sie eine Nachricht wie "Hey, ich arbeite gerade an einer neuen Schulung zum Thema Milchprodukte und Laktoseintoleranz und wie man damit umgehen kann. Es ist noch nicht fertig, aber ich würde gerne mit dir telefonieren, um zu sehen, ob dir die Informationen helfen."

Behalten Sie diese Punkte im Hinterkopf:

Mehrwert: Das Wichtigste bei diesem Anruf ist, dass Sie der Person einen Mehrwert bieten. Wenn Sie ihr weiterhelfen können, können Sie Ihre Dienste erwähnen und sehen, ob sie daran interessiert ist.

Ergebnislos: Vermeiden Sie es, sich an das Ergebnis dieses Anrufs zu binden. Das nennt man "ergebnisunabhängig", und es wird Ihnen eine Menge Last von den Schultern nehmen und Ihren Stress um ein Vielfaches mindern.

Nein akzeptieren: Wenn die Person Nein sagt, ist das völlig in Ordnung. Seien Sie weiterhin hilfsbereit und behandeln Sie sie wie einen Gleichgestellten. Wenn Sie sich auf Augenhöhe mit Ihrem Gesprächspartner befinden, werden Sie viele Abwehrmechanismen des Käufers abbauen.

Nicht ungefragt draufloslegen: Bieten Sie nur dann Lösungen an, wenn die Person Ihnen die Erlaubnis dazu gibt und Sie Ihr Angebot kostenlos anbieten möchten. Andernfalls schauen Sie, ob sie sich für Ihre Beratung, Ihr Produkt oder eine Ihre Dienstleistung anmelden möchte.

Ziele und Automatisierung für Konversationen

Im Idealfall sollten Sie täglich etwa 10 neue Personen anschreiben und gleichzeitig den Kontakt zu all Ihren früheren fruchtbaren Gesprächen aufrechterhalten.

Das kann ein wenig überwältigend werden, wenn Sie wirklich anfangen, sich zu etablieren, und Sie 30 oder mehr potenzielle Kundengespräche gleichzeitig führen müssen.

Glücklicherweise lässt sich dieser Prozess skalieren, wenn Sie ein Team um sich herum aufbauen. Die Einstellung von ein oder zwei Personen, die auf Provisionsbasis Termine organisieren, kann diesen Teil des Geschäfts für Sie automatisieren.

VII

Schlusswort

Soziale Medien können andere Formen des Marketings allein durch ihre schiere Reichweite und Macht überholen. Völlig Fremde können gemeinsam an einem Beitrag arbeiten und dann als gute Freunde enden oder Ihre "Post-Partner" können zu treuen Kunden werden!

Soziale Medien vereinen die Persönlichkeit von telefonischer Kaltakquise, die Skalierbarkeit und Direktheit von Kaltakquise-E-Mails und die Vernetzungskapazität von öffentlichen Networking-Veranstaltungen.

All dies zusammen macht die sozialen Medien zum derzeitigen König in Sachen Kundengewinnung. Das erfordert ein wenig Zeit und kann überwältigend sein, wenn man eine Menge Gespräche führt. Ein Team, das sich um Ihre sozialen Medien kümmert, kann jedoch Arbeit abnehmen und es Ihnen ermöglichen, sich auf andere Aspekte Ihres Unternehmens zu konzentrieren.

Von allen Social-Media-Plattformen haben Sie mit Facebook und LinkedIn die größte Reichweite. Sie sind die so genannten Institutionen des Social-Media-Marketings und eignen sich aufgrund ihrer Funktionen perfekt für die Bereitstellung von Inhalten und die Aufnahme von Gesprächen.

Die vorteilhafteste Denkweise in den sozialen Medien ist die eines hilfsbereiten Experten, der einen Mehrwert bieten und schaffen möchte. Wenn Sie Ihre Verkaufsargumente posten und bedürftig sind, werden Sie sehr schnell abgewiesen. Erfüllen Sie Ihre Sorgfaltspflicht und der Erfolg wird sich einstellen.

Veröffentlichen Sie jeden Tag in der Woche Inhalte. Kommentieren Sie und interagieren Sie mit allen, die sich an Ihren Beiträgen beteiligen. Stellen Sie sicher, dass Sie auch andere Beiträge in bestimmten Facebook-Gruppen (in denen sich Ihre Kunden befinden) kommentieren und einen Mehrwert bieten.

Schreiben Sie allen, mit denen Sie interagieren, und bauen Sie eine echte Beziehung zu ihnen auf. Bieten Sie Ihr Fachwissen an. Führen Sie das Gespräch in Richtung eines Anrufs, und wenn Sie wirklich glauben, dass Sie ihnen mit Ihren Dienstleistungen helfen können, dann bieten Sie sie auf eine nicht-verkaufsorientierte Weise an.

Das war's schon. Aber keine dieser Informationen ist von Bedeutung, wenn Sie sie nicht in die Tat umsetzen. Unvollkommenes Handeln ist allemal besser als perfektes Nichtstun.